TRANSFORMERS

L'histoire du film

Édition originale en langue anglaise publiée par Harper Collins Children's Books
en 2007 sous le titre "Transformers : The movie story book"

Dépôt légal : 10.06/0058/211
N° d'impression : 7048.0612
Édition : 07.2007

Imprimé et relié en Italie

TRANSFORMERS™

Textes de Kate Egan pour l'édition anglaise
Illustrations de Marcelo Matere
Adaptation française de Christine Dauvister
Scénario original de Roberto Orci & Alex Kurtzman
d'après une histoire de Roberto Orci & Alex Kurtzman
et John Rogers

Éditions HEMMA

Il y a bien longtemps, une race étrangère appelée Transformers combattit pour s'approprier une précieuse substance sur une planète éloignée. Ils livrèrent bataille pour récupérer l'Allspark – la source de leur force de vie.

Quand les guerres détruisirent la planète, le seul Allspark restant, recouvert de signes cabalistiques, fut projeté dans la galaxie avant d'être localisé sur une autre planète.

Des années plus tard, alors que le capitaine Archibald Witwicky était en exploration en Arctique, il fut happé par un trou dans la neige.

Ce qu'il vit sous terre changea sa vie pour toujours. Un homme métallique géant était prisonnier de la glace ! Le capitaine brisa la glace pour mieux voir, ce qui activa la figure du géant, et un faisceau laser blanc et brûlant jaillit de ses yeux !

Les lunettes du capitaine se fêlèrent et volèrent par terre, gravées pour toujours avec des signes étranges : les mêmes que ceux de l'Allspark.

Personne ne crut le capitaine. Vu l'étrangeté du récit, tout le monde pensa que le capitaine était fou…

Des années plus tard, le capitaine sert de sujet à Sam Witwicky pour un travail scolaire portant sur l'histoire familiale. L'arrière-arrière-petit-fils du capitaine montre à sa classe les outils de l'explorateur et annonce qu'il projette de les vendre. Personne ne s'intéresse à ce que Sam explique.

Mais les choses vont changer. Après l'école, le papa de Sam emmène son fils acheter une voiture.

« Une fois que j'aurai mon propre véhicule, même la jolie Mikaela Banes me remarquera...»

Ainsi rêve l'adolescent.

Un vendeur se précipite aussitôt sur eux. Il enroule son bras autour de Sam et dit :

– Un pilote ne choisit pas sa voiture ! C'est la voiture qui choisit son pilote ! C'est l'étrange lien qui unit l'homme et la machine.

La plupart des voitures sont bosselées et rouillées ; Sam est déçu. Il y a quand même une Camaro jaune avec des bandes noires, qui a un certain style.

Le vendeur oriente Sam vers quelques autres voitures. Mais quand Sam fait un pas vers la Camaro, le klaxon de celle-ci retentit furieusement. C'est comme si la Camaro avait vraiment choisi Sam !

Entre-temps, à l'autre bout du monde, des soldats viennent de rejoindre leur base militaire dans le désert quand un hélicoptère d'intervention spéciale atterrit près d'eux.

Le pilote est un homme moustachu. Quand les soldats lui ordonnent de sortir, il clignote comme un hologramme et disparaît !

Un cri déchirant vient de l'hélicoptère, bouleversant tous les systèmes électroniques. Puis, sous les yeux des soldats médusés, l'engin commence à se métamorphoser.

Ses rotors se rétractent. Puis l'hélicoptère commence à s'éloigner dans les airs. Le ciel se zèbre d'éclairs éblouissants, et toutes les lumières de la base volent en éclats. Une figure apparaît dans l'épaisse fumée : celle d'un robot, énorme et terrifiant.

La machine, connue sous le nom de Blackout, écrase tout sur son chemin, elle martèle le sol jusqu'au centre de commande dont elle arrache le toit. D'une main colossale, elle saisit des câbles d'ordinateur et les enroule autour de ses bras, téléchargeant un dossier du système central.

Les soldats coupent le contact avant que le téléchargement soit fini, mais ils ne peuvent pas arrêter le robot dans son saccage.

À Washington, les autorités supérieures sont mises au courant de l'assaut lors d'un *briefing* top secret.

– Il a mis en pièces notre réseau militaire, explique le secrétaire de la Défense. Nous ne savons pas exactement ce qu'il va advenir, mais nous supposons qu'il réessayera.

Le meilleur espoir du gouvernement pour résoudre ce mystère est une jeune analyste appelée Maggie Marconi. Ils décident d'aller la chercher sur-le-champ.

À bord de Air Force One, le Président a aussi été informé de la situation. Il se doute un peu qu'une autre attaque est sur le point de se produire dans son propre avion !

Nichée sous un siège, une petite radio commence à remuer, puis des bras et des jambes se mettent à pousser et la voilà transformée en robot ! Le Transformer, connu sous le nom de Frenzy, se déplace furtivement et localise un ordinateur. Puis il télécharge le même fichier que celui que Blackout a essayé de subtiliser à la base.

Dans son nouveau bureau au Pentagone, Maggie constate que les deux intrus recherchent la même chose. Elle note également que Frenzy a introduit un virus ! Les supérieurs de Maggie se demandent qui a fait cela – et pourquoi.

– La Russie et la Chine sont les seuls pays capables de cela, dit fermement un amiral.

Maggie a l'intuition que quelque chose d'autre se passe. Mais personne ne l'écoute quand elle dit :

– Il y a autre chose. Je le sais.

Dès qu'elle le peut, Maggie retrouve son ami Glen. Ensemble, ils écoutent un enregistrement du bruit étrange que les intrus ont fait.

– La force du signal vient du toit, note Glen.

– Il a mis en pièces le Pentagone en moins d'une minute, dit Maggie.

Glen retient son souffle :

– C'est impossible, répond-il. Ce serait une... véritable Intelligence Artificielle.

Maggie appréhende la même chose. Mais peut-il vraiment y avoir des machines étrangères sur Terre ?

Les services secrets sont toujours en train de fouiller Air Force One, de fond en comble, pour découvrir des indices. Frenzy se laisse glisser de l'avion et se dirige vers une voiture de police qui attend là.

Sur un ordinateur à l'intérieur de la voiture de police, Frenzy repère ce qu'il recherche : les lunettes du capitaine mises en vente en ligne. Et le nom et la photographie du vendeur sont mentionnés en dessous de l'annonce ! Il n'y a plus qu'à localiser Sam Witwicky.

Cette nuit-là, Sam est à moitié endormi quand il entend un bruit dans l'allée. Il regarde par la fenêtre et voit un étrange personnage moustachu démarrant avec sa Camaro !

Sam a attendu trop longtemps pour avoir une voiture. Il n'est pas près de laisser quelqu'un lui voler sa Camaro.

Il se précipite dehors et enfourche son vélo. Il poursuit la voiture à travers la ville et passe la porte d'une usine abandonnée.

Il est déjà étrange de voir l'homme à la moustache disparaître comme dans un nuage. Mais voici que la Camaro elle-même change de forme ! À travers le brouillard dense, Sam voit sa voiture – s'il peut encore l'appeler comme ça – marcher sur deux jambes ! Quelque chose sort du coffre et une lumière éclatante rayonne alors dans le ciel.

Avant que Sam ne se rende compte de ce qui se passe, la Camaro est déjà loin.

Le matin suivant, la voiture est garée près de la maison de Sam comme si rien ne s'était passé. Sam part sur son vélo vers la maison d'un ami. Mais quand il se retourne, il s'aperçoit que sa Camaro le suit !

Sam est si effrayé qu'il continue à pédaler, heurtant presque Mikaela Banes.

– Hé ! Prends garde ! crie-t-elle.

Elle se rend compte que Sam agit de manière étrange. Elle saute sur son scooter et se met à le suivre.

Sam se dirige vers un parking en essayant de semer la Camaro. Mais il tombe sur une patrouille de police. Sam se prépare à raconter à l'agent la folle conduite de sa Camaro, quand, soudain, quelque chose de bizarre se produit !

La voiture de flic s'élance et renverse Sam. Les phares de la voiture balaient devant eux jusqu'à ce qu'ils soient à quelques centimètres du visage effrayé de Sam. Ensuite, en quelques secondes, les portes se replient à l'intérieur, les roues disparaissent et la caisse de la voiture se transforme en un énorme robot de cinq mètres de haut… qui plaque Sam sur le pare-brise d'une autre voiture !

– Où sont les lunettes de votre ancêtre ? hurle Barricade, dominant Sam de très haut. Les Autobots ont-ils vu le code ?

Instinctivement, Sam se met à courir. Il s'enfuit le plus loin possible du robot en sprintant entre des rangées de voitures tandis que la machine fonce sur lui.

Mikaela arrive sur son scooter juste quand le robot géant est sur le point d'écraser Sam ! Soudain, la Camaro arrive près d'eux dans un crissement de pneus. La voiture de Sam est la seule chance d'échapper au monstre. Sam et Mikaela sautent dedans.

Quand Barricade repère la Camaro, il se transforme en voiture de police et la poursuit ! Les voitures hurlent tout le long d'un chantier de construction avant que la Camaro n'éjecte Sam et Mikaela. Les rayures jaunes de la Camaro se décollent une à une et elle aussi se transforme en robot !

Sam ne s'attendait pas du tout à se trouver au milieu d'une bataille féroce entre deux robots géants. Une chance : sa Camaro est manifestement de son côté à lui.

Son nouvel ami écrabouille la voiture de police puis se tourne pour regarder Sam.

– Je ne pense pas qu'il va nous faire du mal, dit Sam à Mikaela.

Le robot se transforme pour redevenir une voiture, ses portes s'ouvrent toutes seules. Sam monte dedans, soucieux de connaître la suite des événements.

C'est alors que la Camaro se refait une beauté en scannant une Camaro plus récente parquée dans la rue. De vieille bagnole cabossée, elle devient une splendide Camaro, le tout dernier modèle sur le marché !

Puis, la Camaro conduit Sam et Mikaela sur une colline d'où ils peuvent observer une pluie de météorites sur la Terre. Lorsqu'elles atteignent le sol, elles s'ouvrent comme des fleurs. Des bras et des jambes en émergent, suivis par des têtes et des visages. Quatre silhouettes se dressent sur leurs pieds. Les jeunes gens assistent à une invasion étrangère : les robots, debout, les dominent de très haut !

Un des robots se tourne vers un “dix-huit roues” passant par là, le balaie avec un faisceau de lumière et se transforme en camion identique. Les autres se muent en véhicule de recherche et de sauvetage, en camionnette et en voiture de luxe.

Puis ils reprennent tous leurs formes de robot. Le “dix-huit roues”, apparemment le chef du groupe, commence à parler.

– Samuel James Witwicky ? demande-t-il.

– Ou-oui, susurre Sam.

Les robots semblent pacifiques, mais ils sont terriblement grands.

– Je suis Optimus Prime, dit le robot. Et nous sommes connus comme les Autobots de la planète Cybertron.

La voiture de luxe est Jazz, le premier lieutenant. La camionnette est Ironhide, un spécialiste en armes à feu. Le véhicule de recherche et de sauvetage est Ratchet, un officier médical. Et Bumblebee – la Camaro – est le garde du corps personnel de Sam !

Sam a-t-il besoin d'un garde du corps ? Optimus Prime explique que les Autobots doivent trouver et préserver quelque chose de précieux appelé l'Allspark. C'est la source de l'étincelle qui irradie en chacun d'eux – ce qui donne vie à chaque robot.

Le seul problème est qu'un monstrueux robot appelé Megatron recherche l'Allspark, lui aussi.

Optimus Prime secoue la tête tristement.

– Megatron et moi sommes frères. Mais il a retourné ses armées contre nous, et pour cette trahison, ils portent le nom de Décepticons. Les armées de Megatron avaient tout mais ils ont détruit leur propre planète.

– Il a suivi le signal d'Allspark jusqu'ici, explique Ironhide. Puis il a succombé dans la glace... où votre ancêtre l'a rencontré.

Le rayon laser de Megatron a gravé les verres du capitaine avec des signes mystérieux : ce code est une carte pour retrouver l'Allspark !

Mikaela jette un coup d'œil vers Sam.

– As-tu toujours ces lunettes ?

Sam répond qu'elles sont chez lui. Ils doivent rentrer rapidement à la maison ! Si Optimus Prime et son équipe arrivent les premiers à retrouver l'Allspark, ils l'emploieront pour reconstruire leur race. Mais si Megatron le trouve avant eux, il l'utilisera pour transformer les machines de la Terre en nouvelle armée de Décepticons, prête à conquérir l'univers !

Les robots attendent dehors tandis que Sam et Mikaela fouillent la chambre. Les robots ont du mal à rester patients. Sam peut entendre leurs pas, comme des coups de tonnerre. Ses parents entendent aussi ces bruits étranges. Ils frappent à la porte de Sam en demandant ce qui se passe, et ils se radoucissent quand ils voient Mikaela. Ils pensent que c'est la petite amie de Sam !

– Par hasard, avez-vous vu mon sac à dos ? demande Sam avec désinvolture.

– Il est sur la table de la cuisine, répond sa maman.

Sam le trouve juste au moment où l'on sonne à la porte d'entrée. Des types en costume sont à la porte. L'un d'eux exhibe un insigne.

– Nous travaillons pour le gouvernement, dit l'agent Simmons au papa de Sam. Nous croyons que votre fils est impliqué dans une affaire de sécurité nationale.

Avant que Sam ne puisse parler aux robots, il est emmené de force, avec Mikaela, dans une voiture noire.

Optimus Prime et les Autobots apparaissent avant que les agents ne puissent interroger Sam. Leurs doigts géants brisent les vitres et arrachent le toit de la voiture noire. Les agents du gouvernement restent cois.

“Mais qu'est-ce donc que le Secteur Sept ?” se demande Sam.

Optimus Prime soulève Sam et Mikaela sur ses épaules et, d'une puissante impulsion, crève les pneus du véhicule.

Les robots, Sam et Mikaela se sauvent et se cachent sous un pont alors que les hélicoptères sont à leurs trousses et survolent les lieux. Tandis que les hélicos se rapprochent de plus en plus près, le vent qu'ils créent force les adolescents à lâcher prise. Ils tombent tous les deux, mais Bumblebee s'élance et les rattrape de justesse.

Comme les agents se lancent à l'assaut, Sam les supplie de laisser Bumblebee tranquille. Mais ils empoignent brusquement Sam – qui laisse tomber les lunettes de sa poche sur la route – et saisissent le gentil robot. Les agents soulèvent Bumblebee dans les airs avec de gros cordages et l'emmènent ainsi en remorque.

Sam se sent honteux vis-à-vis de sa Camaro ! Sa voiture lui a sauvé la vie !

Maintenant, lui et Mikaela sont emprisonnés dans un hélicoptère, survolant le barrage Hoover. Les Autobots sont livrés à eux-mêmes et Sam n'a plus qu'à espérer qu'ils arriveront à l'Allspark avant Megatron.

À Washington, personne ne croit Maggie Marconi ; pour les gens, c'est la Russie ou la Chine qui est responsable de ces attaques. Et ils sont prêts à riposter.

Le secrétaire de la Défense, Keller, regarde des images par satellite quand un homme, avec une mallette d'ordinateur, se précipite dans son bureau, disant qu'il vient d'une agence appelée Secteur Sept. Keller n'a jamais entendu ce nom-là. Cette intrusion l'ennuie. Soudain, tous les écrans virent au noir à cause d'un virus téléchargé, exactement comme Maggie l'a prédit. Et tout s'arrête net : satellite, câble et réseaux cellulaires dans le monde entier.

– Monsieur, vous devez voir ce que j'ai dans ma mallette maintenant, dit l'agent Banachek à Keller. Secteur Sept secrètement convoqué sous le président Hoover il y a quatre-vingts ans, pour une raison : les étrangers sont vrais, explique-t-il.

Il montre à Keller des photos des robots étrangers sur Mars – et de Blackout dans le désert, détruisant des troupes américaines.

– Parlons-nous d'une… invasion ? demande Keller, incrédulte.

Banachek acquiesce. Quelque chose est en train de se passer.

Entre-temps, Optimus Prime a ramassé les lunettes où Sam les avait laissé tomber. Les signes cabalistiques se sont convertis en carte géographique qui indique exactement l'endroit où l'Allspark se trouve.

– Ils ont enlevé Bumblebee ! s'écrie Jazz.

– Nous ne sommes pas comme les Décepticons. Nous ne faisons jamais de mal aux humains. Bumblebee voudrait que nous accomplissions notre mission, avertit Optimus Prime.

Sur ces mots, les Autobots se transforment en véhicules et foncent ensemble sur une route désertique.

Retour auprès de Sam. La voiture de police, connue sous le nom de Barricade, se transforme à ses pieds. Avec un hurlement sinistre, elle dévoile quatre Décepticons mortels !

Starscream est un avion de chasse et Brawl un tank de l'armée. Bonecrusher est un véhicule de déminage et Blackout est l'hélicoptère tueur qui a déjà rasé la base militaire américaine. Ils cherchent à retrouver leur chef... et l'Allspark.

Les Transformers vont bientôt arriver au barrage Hoover. Sam et Mikaela sont déjà là avec quelques personnes qui sont au courant de la présence des étrangers sur Terre : Maggie et Glen, quelques employés du gouvernement et les soldats survivants de la base du désert.

– Voilà la situation, dit l'agent Banachek. Nous sommes en guerre contre une civilisation technologique de loin supérieure à la nôtre.

Banachek s'attend à ce que chacun fasse part de ce qu'il sait. Il est, lui, prêt à montrer ce que Secteur Sept connaît.

Le groupe le suit dans un laboratoire souterrain brillant de mille feux. Il contient un robot gargantuesque, emprisonné dans des blocs de glace : Megatron, congelé depuis qu'il a atterri en Arctique.

Ce n'est pas tout. Dans une autre pièce se trouve l'Allspark lui-même, constamment surveillé depuis une salle de contrôle scellée.

– Le président Hoover a construit le barrage autour de tout ceci, explique Banachek. Voilà pourquoi l'énergie de l'Allspark peut transformer en monstre même la plus petite des machines.

Maggie est la première à se rendre compte qu'ils courent tous un grave danger. À bord d'Air Force One, les Décepticons se dirigent vers l'endroit où se trouve l'Allspark, ce qui veut dire que maintenant ils savent très bien où il est !

Le cri de ralliement des Décepticons commence à secouer le barrage. Le grondement crée des fissures dans la glace autour de Megatron ! Ses yeux s'ouvrent et son esprit commence à se réveiller lentement de son long sommeil.

Alors que les soldats se préparent à attaquer, Sam s'exclame :

– Attendez une seconde ! Amenez-moi à ma voiture. C'est un Transformer et il peut sortir l'Allspark d'ici !

Bumblebee est couché sur une table quand, soudain, des agents du Secteur Sept et Sam entrent en coup de vent. Bumblebee semble en bon état et tapote gentiment la tête de Sam. Ensemble, ils se tournent vers le travail important qui les attend.

Arrivés au barrage, les autres Autobots montent la garde pendant que Bumblebee s'agenouille devant l'Allspark. Il lui chante une chanson jusqu'à ce qu'il se replie en une plus petite forme, comme le jouet d'un enfant. Puis, Bumblebee se transforme en Camaro, et Sam et Mikaela montent dedans, calant l'Allspark avec des ceintures de sécurité. Ils s'en vont, suivis par des soldats et le reste des Autobots !

Au même moment, Megatron se libère de son enceinte de glace. Il se transforme en jet supersonique et s'envole du barrage qui le gardait prisonnier. Déchirant l'air, il rencontre les autres Décepticons au-dessus du barrage.

– Nous sommes prêts à transformer les machines ! hurle Starscream.

C'est alors que Megatron remarque Bumblebee roulant à tombeau ouvert vers la ville. Avec ses rayons X, il voit que l'Allspark est caché à l'intérieur !

Mais avant que les Décepticons ne puissent atteindre Bumblebee, Optimus Prime lance une attaque robot contre robot. Ironhide renverse un camion pour protéger les enfants. Mais une rafale de Starscream coupe le camion en deux, frappant Bumblebee par-derrière... et détachant l'Allspark de son siège !

Blessé, Bumblebee rampe vers l'Allspark pour le protéger. Les Autobots résistent comme ils peuvent jusqu'à ce que Jazz soit frappé par une énorme impulsion de Megatron.

Optimus Prime s'élance vers Megatron, prêt à l'affronter.

Megatron jette un coup d'œil sur les humains combattant aux côtés des Autobots et gronde :

– Pathétique. Vous vous faites toujours les alliés du faible.

– Là où tu vois la faiblesse, je vois la force, énonce Optimus Prime.

– Ainsi soit-il, frère, dit Megatron. Notre guerre recommence... sur Terre !

Tandis que les deux frères s'affrontent, Sam saisit l'Allspark. Sachant que les soldats ont lancé des appels à l'aide par radio, il décide d'envoyer des signaux à un hélicoptère en se postant sur un toit voisin, et d'emporter l'Allspark hors de la ville.

Esquivant les Décepticons, Sam trouve son chemin vers un gratte-ciel qui commence à s'ébouler et escalade à toute vitesse les escaliers jusqu'au toit. Il utilise une fusée pour signaler sa présence à un hélicoptère allié qui pourrait s'envoler avec l'Allspark… mais Starscream est trop rapide pour lui, et lui barre le passage.

La tête de Megatron surgit par en dessous en brisant les étages du building – maintenant, il accule Sam.

– Donne-moi l'Allspark, garcon, grogne-t-il.

Mais Sam n'est pas allé si loin pour se rendre maintenant. Megatron tire et le toit explose sous les pieds de Sam. Il commence une chute libre dans l'espace – jusqu'à ce qu'Optimus Prime l'attrape en plein ciel ! Ils dégringolent dans un nuage de fumée épaisse et de débris.

Les Autobots progressent contre les Décepticons. Mais Megatron n'abandonne pas facilement. Il surgit au-dessus de Sam, prêt à l'écraser, quand Optimus Prime crie :

– Utilise l'Allspark ! Déclenche l'Étincelle !

Sam lance l'Allspark dans la poitrine de Megatron. Des vrilles d'énergie tourbillonnent autour de lui jusqu'à ce que l'Étincelle explose ! L'effrayant guerrier tombe à terre. La lumière dans ses yeux diminue peu à peu, puis s'éteint pour toujours.

– Tu ne m'as pas laissé le choix… frère, dit Optimus Prime, avec un pincement de regret…

Soudain, Sam se rend compte de quelque chose de terrible. Il a gagné la bataille en détruisant l'Allspark. Sans la force de vie d'Allspark, ses amis seront les derniers de leur espèce, incapables de repeupler leur planète comme ils l'avaient projeté. Sam lève la tête vers Optimus.

Optimus Prime est affligé mais déterminé.

– Nous survivrons, dit-il. Nous devons survivre. Pour ceux qui n'ont pas pu.

Sam est déterminé à survivre, lui aussi. De retour à l'école, il tient fièrement sa tête droite, plus confiant en lui qu'il ne l'a jamais été. Cela ne choque pas Mikaela qui, le croisant dans le couloir pour la première fois depuis leur aventure, s'élance et le serre très très fort dans ses bras, lui prodiguant la plus grande étreinte de tous les temps.

Les Autobots vont vivre une nouvelle vie sur Terre, à l'abri des regards indiscrets. Quant à Optimus Prime, il décide d'envoyer un message à tous ses camarades Autobots toujours dans l'espace. Scrutant le ciel, il transmet un appel dans tout l'univers :

– À tous les survivants Autobots ayant trouvé refuge parmi les étoiles. Vous n'êtes pas seuls. Nous sommes là. Nous vous attendons.